낙타도 가끔은 운다

창조문예사

윤경이 시집

낙타도 가끔은 운다

꽃밭의 봄

양지리 산가에나 춘장

르지아르의 새재마냥 타산한 높은하
나에 잡이 났고 숲있는리
성내강을 에르 사가만 났다간다
아아오 활철 나는 낯갯닷이
깨나 있리었나은다
어디에요 에이리 않는 아감
산돛에 울거서로 안돛에 지나안다
높스타 나에저람 꽃 위에 내려았는다
곰것 높않 이흫나서 >감자 쥐어
풀멸이었 않는다

낮아나 울었로 잠가했 .
높상 로새리 흙서저람
아빔할 잠오 쏫이 고등서리에서
낮아나 이령기머 제상해 오겨다
나오 잘미가 난다

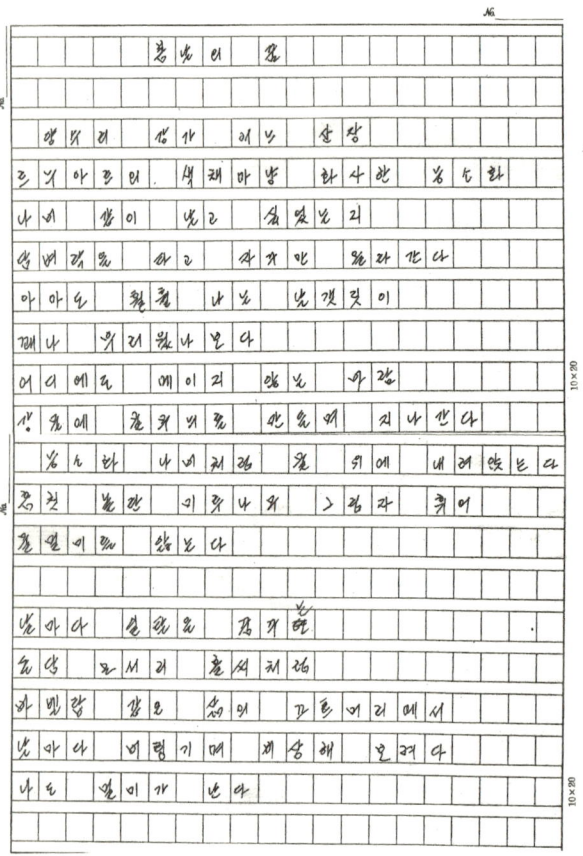

| 추천의 글 |

삶의 흔적(무게), 사색의 궤적을 찾아

여행길에 윤경이 시인의 시집 원고를 들고 떠났다. 동시에 윤 시인의 삶의 흔적과 사색의 궤적을 함께 따라가는 여행이 되었다.

시인은 무엇을 보고 어떻게 느끼는가.
시인은 어떻게 생각하고 무엇을 지어내는가.
윤경이 시인의 시집 《낙타도 가끔은 운다》를 읽으면서 떠오른 명제들이다. 시인이 본 현상과 이에서 촉발되는 사념의 유로由路가 선명하다. 자연 현상, 스스로의 자족적自足的 질서 앞에서 시인은 저들의 투명한 생명 현상과 마주 선다.

영혼의 촉수처럼 가장 내밀한 상황을 바라보는 형안의 언어가 보인다.

'저 홀로 가슴앓이를 하는 가을/ ~ / 마음의 무게로 잠 못 드는 이의 가슴에도/ 희디흰 달빛 같은 슬픔이 고인다./ ~ / 홀로 적요를 쌓는 물소리에/ 가을은 서둘러 신발 끈을 매고 가는/ 그리운 사람 같다.' (〈가을 소묘 2〉에서)

시적 화자는 생을 마치는 가을 낙엽을 보며 인생의 고로孤路를 떠올린다. 지는 낙엽을 보며 슬픔의 영감을 떠올리고 세월에 묻힌 애증의 흔적을 새로이 구성해 낸다. 그것은 가을 낙엽이 쌓이는 슬픔과 다름 아닌 영혼의 무게로 느껴진 것이다. 또 시적 화자는 계곡에 흐르는 물소리에서 오랜 세월의 흔적으로 묻힌 적요를 일깨워 현실적 자신의 실체적 자아를 발견한다. 깊은 사색의 나래를 펴 오랜 여운을 곱씹게 하는 작품이다. 생동하는 자연의 시작과 끝, 혹은 주기성의 연륜을 상대로 인생의 비애감을 또 한 번 경험하게 되는 것이다.

윤경이 시인의 시적 대상은 잡다한 일상성의 스케치를 넘어 영혼의 고향을 찾아가는 사념이 추구하는 대상을 이루고 있다. 삶의 흔적과 사색의 궤적을 사실적이고 내밀한 상황으로 시화했다. 이같은 시작 행위는 시인의 시적 발상의 원천을 이루는 샘물과도 같은 것이어서 매우 소중하다.

첫 시집을 상재하는 윤경이 시인이 보다 넓은 시적 지평을 넓혀가기를 기대하며.

2009년 12월 21일
시인 박이도

시인의 말

사막 길을 걸어온 낙타
터벅터벅 바늘구멍을 통과해
물끄러미 나를 본다

호주머니 속
시집 한 권 내려놓고
무게를 달아본다.
얼마나 더 가벼워져야
저 낙타처럼
바늘구멍을 통과할 수 있을까

고민 중이다

2009년 겨울을 보내며
윤경이

| 차례 |

| 추천의 글 | 박이도　5

| 시인의 말 |　7

제1부 낙타도 가끔은 운다

낙타도 가끔은 운다　14
노래를 잃어버린 사람들　15
아프리카 소녀　16
질그릇　17
내 작은 기도　19
소리　20
12월　21
한도 초과　22
목련　23
버리는 혹은, 내려놓는　25
상흔의 향기　26
꽃의 죽음　27
바람의 판화　28
난　29
화문　30

제2부 미늘의 떨림

봄날　32
봄날의 꿈　33
홀어미 같은 봄날　34
백조의 호수　36
미끼　37
가면　39
고요한 응시　40
폐선　41
미늘의 떨림　42
소금밭　43
시간에 울다　44
채석강　45
가는귀먹은 갈매기　46
물밑, 그 고요함　48

제3부 가을 단상

가을 소묘 1   50
가을 소묘 2   51
가을 단상 1   52
가을 단상 2   54
가을 단상 3   55
만추   56
계절, 비틀거리다   57
에스프레소   59
월하담   60
아그배   61
손톱만 한 그리움   63
울지 마라 사람아   65

제4부 나무가 운다

겨울 강가에서	68
기억	69
2월	71
일송정	72
나무가 운다	73
내 몫	75
할아버지	76
아버지	77
어머니	78
부부연가	79
딸아!	80
시에서 밥이	82
설원	83
분재	84
시인과 옥수수	85
어느 선종	86

제5부 노인의 시간

가볍거나 혹은, 무겁게　88

허기진 도시　89

산다는 것은　91

노인의 시간　92

겨울바람　93

두루미　94

워낭 소리　96

우보　97

나무　98

고봉밥　99

바람에게 묻다　101

갠지스 강　102

헌책방 아저씨　103

서울역　104

|평설| 윤경이의 '시도행전詩道行傳' | 문영탁　105

제1부 낙타도 가끔은 운다

낙타도 가끔은 운다

안주하던 성채城砦를 떠나
표지판 없는 사막 길을 가야 하는 낙타
단지 두 개의 혹을 의지한 채
속눈썹으로 모래바람을 막으며
묵묵히 지평선을 향해 고독한 길을 간다
불룩하던 혹이 노파의 젖가슴처럼
쪼그라드는 상실의 늪에서
오히려 생성되는 아픔이라며
먼 여정 선인장에 몸을 기대어 쉰다

푸른 별이 쏟아지는 밤
늘 그리워하면서도
가까이 두지 못하는 엘림 생각에

낙타도 가끔은 운다

*출애굽기 15:27 엘림- 물 샘과 종려나무가 있어 이스라엘 민족이 장막을 치고 머물던 곳 지명

노래를 잃어버린 사람들

여행 중 들렸던 오죽烏竹숲
바람이 지나갈 때마다 뼈만 앙상한
아프리카 아이들 관절 부딪치는 소리가 난다
우우우 숲을 흔들며
빈 껍질로 던져진 무성한 내 빈 말
노성怒聲처럼 들려온다

노래를 잃어버린 검은 땅
그곳엔 오늘도
전율하는 꽃들이 어미 가슴에 화문을 박는데
꽃처럼 떨어지는 저 생명,
어디로 가지

오죽烏竹숲 까마귀
빈혈을 앓고
나는,
하루가 사그라지는 삶의 모서리에 서서
어쩌자는 것인지

아프리카 소녀

본능적인 욕구마저 착취당한
상처의 땅 아프리카
할례로 일그러진 앳된 소녀의 아랫도리에선
비릿한 낙타 젖 냄새가 난다
평생 상처를 신앙처럼 안고 살아야 하는
그녀들, 집시의 피가 흐르고 있음일까?
아니면 검은 색이 주는 역동성 그 강렬한
에너지 때문일지도
파피루스의 풀잎처럼 흔들리는
지칠 줄 모르는 춤, 소녀들의 탱탱한 웃음에서
굴욕의 한스러움이 쏟아진다

전쟁과 기근, 질병과 굶주림의 검은 대륙
건장한 사내 같은 바오밥나무
언젠가 낱알 하나 물고 올 비둘기를 기다리는지
물끄러미 하늘을 본다
절구질하는 고달픈 소녀의 등짝에선
오늘도 밍밍한 아프까르 향내가 나는
슬픈 땅 아프리카

질그릇

먼지로 빚은 몸임에도 더러는

무게를 못 이겨 기우뚱한다

내 한 생애 흙으로 빚어진 질그릇임에도

당신과 함께 있어 빛나고 있음을 감사한다

그럼에도 내 발꿈치를 따라오는

끈질긴 꼬드김에 때론,

보암직한 그곳에 그만 퍼질러 앉고 싶어

펄펄 신열 오른 이마를 짚는다

아직 가야 할 나의 남은 길

부디, 봄물처럼 부푸는 사랑이

키를 넘는 갈망이 계속되기를……

내 작은 기도

바람에 흔들려도
새로운 자리 엿보지 않는
풀숲에 집을 지은 벌레의 그 평안함은
얼마나 큰 믿음인지

흘러가는 구름 결박하는 것만큼
마음의 욕망 잠재움 힘들어
밤이면 잎새에 내린 별빛으로 살아가는
달개비 비단 풀들이 오히려 성스럽다

용광로 풀무불 속에서
나는, 얼마나 두들기고 두들겨야
청아한 청동의 종이 될까

소진하도록 힘겨운 내 작은 기도
부디 하늘에 닿아
치우치지 않은 희망 하나
문설주에 걸어 주시기를……

소리

후미진 골목
계집아이들 희롱하는 것을 보고도
내 아이가 아니라는
안도감에
혀만 끌끌 차며 돌아왔다
달빛 쏟아지는 창 너머
낙엽 떨어지는 소리
휘휘 나뭇잎을 몰고 가는 바람 소리

결론도 내리지 못하는 생각에
잠 못 이루는

12월

추적추적 내리는 겨울비에
마지막까지 버팅기다 떨어지는
나뭇잎을 보는 내 얼굴,
왜 자꾸 붉어지는지

온몸 허물처럼 떨어지는 낙엽
가슴에 묻어
묵언의 간구로 깊어지는 나목,
수북이 쌓인 그 소리를 밟고 돌아와
옷깃을 여민다

12월은 마지막이 아닌
오선지의 도돌이표 같은 것
어머니의 어머니
어머니의 또 어머니의 기도처럼

한도 초과

땜질처럼 붙어 있는 네온사인
비트 음악에 춤을 춘다
정박할 곳을 찾아 표류 중인 발걸음
헤드라이트 불빛에 빈혈을 앓는다

초대장처럼 날아온 고지서
주인, 부재중인 문설주에
수취인 불명의 의인을 찾는다

오늘도
야광 조끼 입은 사내
새벽을 비질한다

목련

두 무릎 사이 얼굴 묻어
긴 밤 올려드리는 기도
한 장 얇은 홑이불을 덮고 잠을 청하는
아픔 같은 것
아득히 먼 길을 돌아온 새벽
하얀 여백 위
실핏줄 하나하나마다
그 오름의 끝으로 차오른
뼛속까지 저려 오는
가슴 벅찬 노래
나는 그저 입만 크게 벌리고
소리 내어 울지 못하는
가슴만 치는 벙어리 같은 것

떨어진 꽃잎 이제
긴 잠 속으로 다시 돌아가
몸져눕는 것은
푸른 새벽

상아빛 고운 노래를 부르기 위해
두 손을 모으는 것

버리는 혹은, 내려놓는

빗줄기를 붙잡고 따라오는 푸르름
은밀한 내통이 있었는지 바람 한 끝 팽팽히 당긴다
흘러가는 것들의 내력을 깨치려는지
붉은 꽃잎, 온몸 버려 떠내려간다
그때마다 출렁이는 그 버거움에
산 그림자
삶의 무게만 한 산 한 채 슬며시 밀어 넣는다

강기슭 나뭇가지에 걸려
울고 있는 저 비닐
한때는 제 몫이 있었을 터

이쯤에서야 알 듯한
온몸 내려놓는 꽃잎의 내력을……

상흔의 향기

햇살에 꿴 이슬방울
겹겹 가시를 뚫고 아슬아슬 꽃을 피운다

꽃 진 자리마다
젖꼭지 같은 열매를 달아 놓는다
매인 마음보다
맨 마음이 더 아프다는 것을
열매는 알고 있는지
탱자 한 알 툭, 땅에 떨어진다
상흔의 화문이다
상처 받는다는 것은 오히려
사랑하기에 받는 아픔이라고

핏덩이를 안고 가는 서녘 하늘
저 너머의 길이 환하다

꽃의 죽음

수련관 앞뜰
핏방울 같은 뱀딸기 방울방울 달려 있다
내 알 바 아니라고
뿌리의 안간힘에도 외면한 채
유리잔 가득 꽂았다
감흥에 젖은 우린, 쏟아지는 별처럼
인생을, 문학을, 밤이 이슥도록
가을날의 향연을 노래했다
다음날 소녀의 홍조처럼 여전히
고혹적인 뱀딸기
신문에 둘둘 말아 쓰레기통에 버렸다
손톱 밑에 엉긴 꽃물을 보다
순간,
그때 골고다의 상흔이

꺽 꺽
가을 하늘에 걸린 쇠기러기 울음에
내 목도 아프다

바람의 판화

저문 강둑 오르면
철새들의 목마름이 서성인다
며칠째 풀리지 않는 생각
꿈속을 헤매듯 맴을 돈다
바람과 엉키었다가도
설렁설렁 풀어버리는 풀잎이 부럽다
머리를 풀어헤친 수초
가끔 미열을 앓는지
잔물결에 저 홀로 어지럽다
강물에 실린 햇살
낚싯대에 매달린 그림자를 덮고
하늘에도 길이 있는지
공중에 붙박인 것들을 데리고
만상이 흘러가듯
그렇게 구름은 흘러간다

난

달팽이〈와실蝸室〉 같은 집이면 어떠리

됫박〈두실斗室〉 같은 방이면 어떠하리

난 그윽이 벙그는 밤

긴 이야기 나눌 몇 권의 고서古書가 있어

삼공三公이 아니 부럽다

화문

밤마다 신열 오르내리며
피어올린
한 송이 붉은 꽃
가슴에 화문으로 박는 긴 삭임은
깨진 부리로 물을 먹는
조류의 슬픔처럼 아팠다

이제
선연한 꽃잎,
이쯤에서 한 점 초경처럼 떨어진다
늘 가슴 에이던 그 자리에
화문 대신 한 마지기나 되는
그리움만 오롯하다

제2부 미늘의 떨림

봄날

일상에서 벗어난 여인네들 웃음소리가

여름날 소나기처럼 쏟아져

놀란 개나리 진달래 영문도 모른 채

따라서 자꾸만 웃고 있다

도톰하게 살 오른 냉이 쑥

옴싹옴싹 올라오는 기척에

뽀각뽀각 안달하는 피라미 쫑긋 귀를 세운다

뽀얀 아지랑이를 따라 뭉클

연초록 지난날을 소처럼 되새김질 해본다

봄날의 꿈

양수리 강가 어느 산장
르누아르의 색채마냥 화사한 능소화
나비같이 날고 싶었는지
담벼락을 타고 자꾸만 올라간다
아마도 훨훨 나는 날갯짓이
꽤나 부러웠나 보다
어디에도 매이지 않는 바람
강물에 물무늬를 만들며 지나간다
능소화 나비처럼 물 위에 내려앉는다
흠칫 놀란 미루나무
그림자 휘어 물멀미를 앓는다

날마다 일탈을 꿈꾸는
돌담 모서리 홀씨처럼
바벨탑 같은 삶의 끄트머리에서
날마다 버팅기며 비상해 보려다
나도 멀미가 난다

홀어미 같은 봄날

오금이 저리도록
쪼그리고 있던 꽃망울
축축이 젖어드는 가랑비에
주욱 무릎을 펴는
검버섯 이웃집 노파 얼굴
복사꽃 같다

사는 일이
삭은 실밥처럼 힘없이 뜯겨지는
이웃집 남자
지난 가을쯤 떨어진 듯 나뭇잎
부스스 굴러가는 그곳에
만삭처럼 무거운
사내의 한숨이 섞여 간다

얄밉도록 화사한 봄날
오늘만이라도
잇몸이 보이도록

파안대소 웃어보면 안 될까

봄날
뭉텅뭉텅 털갈이하는
소 잔등
멍에가 아프다

백조의 호수

길가 산 벚나무
꽃잎 바람에 진저리를 치며 떨어진다
천상에서 내려오는 발레리나처럼
선율도 없는 거리에서 춤을 춘다

콧잔등 시린 새벽
비질하는 야광조끼 굽은 등짝 위
꽃 이파리 연신 떨어지고
마대 속에선 비명 들려오는
가슴 짠한 봄날
백조의 호수를 꿈꾸는
발레리나의 발은 너무 아프다

미끼

덜컥, 먹이를 놓칠 때의
그 허탈감이란
혹은,
내 것이 되었을 때의 기분은

잔입질에 재미를 붙인
여전한 버릇
입속에 넣어 확인하려는 순간,
목구멍까지 빨려든
낚시 바늘을 빼내기란 여간
곤혹스러운 것이 아니다
하루의 삶이 결코 도박은 아닐진대
제 분에 겨운 듯
매달린 그 낯빛을 본다는 것도
참 하릴없는 일

썰물 지나간 자리
옆걸음 치던

게들의 무수한 자국을 본다

미끼에 멱살 잡힌 날

가면

누군가의 체온이 느껴지는 곳은 편안하다

볼품없이 먹물 통을 달고
꽁무니 디밀고 들어가는
평생 등짐처럼 지고 다니던 딱지 같은
주인 부재중인 집
흙탕물로 제 몸을 가린다든가
아니면 갯벌 속으로 숨어야 하는 번거로움을
이참에 가면을 쓰고 살면 어떨까

마당 한 귀퉁이까지 바다를 들인
빈집 마루 끝에 앉아
멀리 행간처럼 떠가는 어선 한 척 바라보는
봄날의 무료함

소라의 가면을 쓴 채
잡혀 온 저 심심하고 건방진 놈

주꾸미의 맛이다

고요한 응시

폐선, 피안의 마지막 짐을 풀고 싶었는지
질척한 갯벌을 태반처럼 끌고 와
제 그림자를 드리운 채 사색에 잠겨 있다
벌겋게 삭아버린 축축한 아랫도리가 마치,
고단한 삶을 살다간 내 어머니의
핏물로 젖어 있던 자궁 같다
숱한 날들 시퍼렇게 퍼덕이던
등 푸른 지느러미의 희열도 있었지만
더러는 허연 소금 마구 풀고 가는 해풍에
옆구리 결리도록 아팠던 자리
깊게 팬 생채기만 남았다
알고 보면 그만그만한 아픔이야
누군들 나름대로 품고 살지 않았을지 다만
지그시 세월의 무게로 눌러 두었을 뿐
이쯤에서 하늘은 쉽게 버리지 못한
시뻘건 치부 하나 아프게 토해 낸다
갈매기 빈 돛대 끝에 앉아 골똘히 깊어지는

폐선, 묵언에 든 성자처럼 평화롭다

폐선

화덕처럼 지글거리는 햇살에
오수를 즐기는 폐선
오랜 시간 만조를 이루다 둘둘
멍석처럼 말려나간 갯벌
장마철 배탈 난 아이처럼 갯지렁이
질질 배를 끌고 간다
질척이는 발자국에 수액처럼
세월이 쌓이고
생의 막장에서 밀려오는 삶의 편린
얼굴 가득 검버섯으로 드리운다
돌아오는 길 예기치 않은 여시비에
개망초 휘청거리고
갯벌 가로질러 눈먼 새 줄창 운다

미늘의 떨림

강화 외포리에서 석모도로 가는 뱃길
여행객들이 던져주는 새우깡
끼룩끼룩 갈매기들 떼거리로 몰려든다
온몸을 던져 비행하는 것 가관이다
푸른 일터를, 자맥질을 잊어버렸을까
거지 새라 불리는 갈매기
번득이는 눈으로 꾸역꾸역
밀어 넣는 저 불안한 식욕,
적의는 없겠지만 늘 무장하고 살아가는
우리네 모습 같아 눈물 난다
방파제 끝, 스멀스멀 내려앉는 노을 아래
망둥이 물컹한 살점으로 삶의 변주를 낚는지
미늘의 떨림 그 전율이 아프다
내일이면 또다시 목젖까지 차오른
울음을 안고 비행하는 저들을 차마
또 보고야 말 것이다

소금밭

눈자위 붉어진 서녘 하늘
울컥 심해 깊은 울음 토해 내는 석모도 옛 소금밭엔
개풀만 무덕무덕 자라 있다
한쪽 귀퉁이 녹슨 외발수레 한가히 오수를 즐기고
거반 다 허물어진 빈 소금 창고
제 집처럼 연신 들락거리는 생쥐 한 마리
붉은 하늘을 등에 업고 혼자 바쁘다
썩은 새끼줄처럼 툭툭 터진 염전 둑길
노인의 얼굴 주름살 천연 빗살무늬 같다

*강화 석모도

시간에 울다

검은 휘장처럼 뒤척이는 바다
갈매기, 망연자실 수의 같은 날개를 퍼덕인다
수평선, 위벽 앓는 바위 틈새로
물고기의 잔해를 끌고 와
쓸개즙까지 자꾸만 토해 낸다
목덜미에 시커멓게 때가 낀 조개 여기저기
입을 벌린 채 자고 있는 갯벌
어찌할꼬 어찌할꼬
상실감에 목울대가 아픈 노파
타르 들러붙은 장화처럼 삶이 무겁다
숭숭 구멍 뚫린 노파의 가슴에
한 말 소금 훅, 뿌려 시간 속에 매장한다

*태안 앞바다 기름 유출 사건을 보며

채석강

긴 머리 풀고 달려온 강물
시퍼런 울음 쏟아 놓는 채석강
갈등으로 빚어 놓은
썰물과 밀물의 애달픈 해조음
숱한 사연 균열의 틈새마다 겹겹이 쌓인다
벼랑 끝에 매달린 한 그루 해송
허공에 자꾸만 헛손질을 하는
해거름 둘둘 말아 올린 바짓가랑이
소금기 절어
방파제 낡은 포장마차 안에선
삶의 변주를 눈물처럼 마시는지
왁자한 말이 걸지다

물 주름 접는 수평선 저 너머
낙조,
애상哀想에 젖어

가는귀먹은 갈매기

물비린내 흠씬 나는 선착장
생선 눈알을 찔러보는 쇠파리를 표정 없이 손사래 젓는 노파 오이지 같은 손등에 파란 혈맥이 드러난다
쑤시는 관절을 두드리며 힐끗 하늘을 본다

불콰하게 눈에 핏발 선 사내 간밤 먹은 소주가 길바닥에 그대로 고꾸라져 있다
갯벌 막아 사람 냄새로 들끓는 바닥 오질 없는 가시네들 수캐 오줌 지리듯 헤실헤실 웃음을 흘리겠지
해삼 한 접시 소주 한 잔이면 갯벌 같은 끈끈한 삶이라도 족하다던 남정네들 밤을 삼켜버린 거리를 게게거리며 떠돌 것이야
목관처럼 누운 방파제 물 위에 어릿거리면 갈대들 갯바람에 수런거리고 해풍에 휘인 소나무 잔등처럼 싸아한 아픔 물 주름으로 접혀 온다
육중한 포클레인 소리에 가는귀먹은 갈매기 머리카

락처럼 풀어헤친 수초 위에 끼룩거린다

 선착장 귀퉁이 젓갈, 무료한 한낮 저 홀로 곰삭아 가고
 술 취한 불빛 공중에 매달린 채 바다를 향해 무수히
곡예를 하면 가는귀먹은 갈매기 긴 울음을 토한다

물밑, 그 고요함

장마에 뒤틀린 문짝처럼
사람들 있던 자리가 삐걱거려 불안하다
귀 설은 불협화음이 마치
태풍에 몰려와 바위에 부서지는 파도 같다
이것이 삶이라고 말한다면 좀더 절실해질까
뿌리를 내리지 못한 물풀처럼
중심의 무게를 두지 못해 늘 흔들린다
아무튼 모세혈관처럼 뿌리를 내린다는 것은
첩첩 되묻어가는 숱한 밤을
지낸 후라야 알 수 있는 것

갈대들의 귀엣말에도 출렁거리는 강물
그러나 물밑의 그 고요함을 그 까닭을
언제쯤 알 수 있을지

*이혼하는 부부를 보면서

제3부 가을 단상

가을 소묘 1

강물이 바닥을 핥으며 우는 시월엔
숨기고 싶은 부끄러운 허물 용서받고 싶다
물밑 환히 보이는 옹달샘에서
물동이를 버려두고 기뻐 달려가던
수가 성 여인이 생각나
뼛속까지 시린 한 바가지 생수에 목이 멘다
붉게 타오르는 홍엽紅葉처럼
나도 온몸으로 당신을 사랑하고 싶다
이제 푸른 광기 불화의 시절은 가고
가시를 품은 탱자 알 향기를 토한다
산골 물소리 쿵쿵 공명하여 산을 울리는데
가을이 다 가기 전
너와 나 사이에도
맑고 고운 물소리 흐르면 좋겠다

가을 소묘 2

저 홀로 가슴앓이를 하는 가을
잎새를 떨어뜨려야 하는 나무만이
상실감에 아파하는 것은 아니다
마음의 무게로 잠 못 드는 이의 가슴에도
희디흰 달빛 같은 슬픔이 고인다
떼를 지어 날아가는 기러기 울음
꺽 꺽 서녘 하늘에 걸리고
봇짐을 베고 자던 나그네
근원 모를 서러움에 목이 멘다
무심한 새 자꾸만 가을 강을 건너가고
흘러 적요를 쌓는 물소리에
가을은 서둘러 신발 끈을 매고 가는
그리운 사람 같다

가을 단상 1

황망히 굴러가는 낙엽
향방 없는 수런거림에
달팽이관이 예민하다
땅에 떨어지는 것은 모두가 쓸쓸한 것
잎새를 떨어뜨려야 하는 나무,
또한 상실감에 아프다
가을은 저 홀로 상처를 입는다
내 삶도 상처를 받지 않으려
안간힘 쓰며 살았지만 결국
내 혓바닥에도 가시가 돋아 있었음을
지금까지도 무쇠에 불과한 나,
여름내 달구어진 홍엽처럼
벌건 용광로에 쇳물 부어 얼마나 더
떵떵 달금질을 해야 할지
내 말에 찔린 그 상처들 아직
다 아물지 않았을 터
서둘러 제 집을 찾는 한 마리 작은 새
그 가벼운 날갯짓이 자아내는

싸늘한 떨림소리에
나를 향한 용서의 울음 한 덩이
저 하늘 끝 붉게 걸려 있다

*문경 방자유기촌

가을 단상 2

노을 들여놓은 교회 앞마당
가을을 선물로 드려요라며
손 가득 쥐어주던 까만 씨앗의 해바라기
혀끝에 가만히 한 알 올려놓는다
문득, 이 가을이 주는 호사스러움에
내 가슴 속 우렁우렁 솟구치는 눈물
한 두레박 퍼올리어
그 옛날 긴 머리의 그 여인처럼
그리운 이의 발을 닦아 주고 싶다

*요한복음 12장 3절-예수의 발에 향유를 붓고 머리털로 발을 씻음

가을 단상 3

뿌리에 생을 둔 곤궁한 삶이지만
천성이 착한 해바라기
여름내 밤하늘의 별을 모아 꽃을 피우고
먼 길 떠나는 나그네 목을 빼어 배웅하는
모성의 젖줄에 매달려 있는
초롱초롱한 눈빛을 묵묵히
저만치서 바라보던 아버지처럼
한 시절 피멍으로 까맣게 익혀낸 씨앗
우르르 터지는 속말
햇살 등 뒤로 슬며시 숨기운다
고무줄 느슨해진 노인의 속옷 같은
잎사귀 다 떨어진 해바라기의 대궁
이미 늙어 쇠잔하지만
긴 기다림 알알이 깊어진 마음
가슴은 환하다

만추

나무 끝에 달려 있던 나뭇잎
눈물샘 뜨거운 물줄기를 더듬다
무게를 못 이겨 떨어진다
바람이 지나간 자리마다 수북이 쌓인 낙엽
각양각색의 남루로 남아
우물 속 같은 가슴으로 가라앉는다
오랫동안 들썩이는 내 어깨를 닮은 낙엽
떼를 지어 굴러다니는 그곳에
내 울음도 섞이겠다

계절, 비틀거리다

장대비가 닦아놓은 축축한 달빛에

길 잃은 계절

어둠을 헤적이며 비틀거린다

깊어가는 그림자만큼이나 무성했던 여름

제 안의 풍경을 어르며

살근살근 떠내려가는 것이더라

단색 판화처럼 하늘만 쳐다보던 까치집

미처 떠나지 못한 목 쉰 매미 울음소리에

공명하는 마음 우화 같다

강물, 미루나무 휘인 그림자를 안고

정처없이 흐르더라

에스프레소

생선 비늘처럼
시퍼렇게 퍼덕이던 여름날도 가고
촐촐 구르는 산골 물소리에
여위어 가는 갈대
하늘의 문턱에 귀를 댄다
세월은 마라토너처럼 뛰어가는지
시간이 버리고 간 자리
온몸 흉터투성이인 낙엽
핏빛으로 흥건하다
가을은 저 홀로 상처를 입는다
이런 날엔 긴 여운의
에스프레소 한 잔 그립다

세월은 마라토너처럼 뛰어가고
낙엽은 시간에 흩어지는

월하담
−무주 예술인마을 2

구절초 한 무더기 수런거리고
산자락마다 흔들리는 억새풀 여유롭다

붉은 노을
장삼長衫 한 자락 걸친 듯
인적 뜸한 절간
풀잎 작은 일렁임에
처마 끝 풍경 소리 청아하다

월하담
둥근 우주 하나 품에 안은 밤
등 굽은 소나무
골골 덕유산 전설을 말하는지
솔숲 바람이 인다

아그배
– 화개 장터에서

여름날 소나기에 울어대던 떡갈나무
월장하는 달빛에 후줄근한 몸을 말린다
발설하지 못할 통증
홍역 같은 열꽃을 피우면
벌, 나비 몰려와 아름다운 수작을 건다
못 이기는 체 심장에 총알 하나 꽝! 박는다

곱지 않은 눈길
초대받지 못한 손님처럼
화개 장터 아그배
온몸 멍울져 시린 진물로 깊어진다
저편 숲으로 날아가는 해오라기가 부럽다
여름내 비탈진 변방에서 홀로
알몸 익혔어도
단물 들지 못한 서러움을
주섬주섬 유리병에 쓸어 담는다
산그늘 물소리 깊어지고
문밖 엷은 햇살 기웃거리면

그제야 꽃무늬 고운 찻잔에
찰랑 제 몸 담가
또 하나의 계절을 무르익힌다

손톱만 한 그리움

한강 둔치
세월 모르고 붉게 피워 올린
진달래꽃
그림자 한 뼘이나 늘어진
가을의 끝자락에서
근원 모를 서러움에 흐느끼더라
무슨 상처라도 본 듯
민망하여
붉게 물든 물밑만 보았다

꽉 찬 눈물 쏟아질까
하늘만 쳐다보던 그해 긴 여름
노을빛 스러지는 강물에
애꿎은 물수제비만 뜨더라는
바람의 안부
나는 손톱만 한 초승달이
자꾸만 애처로워
한동안 발 저린 꿈을 꾸며

펄펄 신열을 앓았다는

돌아보면 아득히
그립지 않은 것 어디 있으리

한강 둔치 그, 진달래꽃
지금도 울고 있는지……

울지 마라 사람아

적요寂寥가 떨치는 외딴 길
한 마리 왜가리 주뼛주뼛 길을 간다
끝나지 않은 하루
아직 남았는데
걸어온 발은 너무 아프다

만상이 흘러가는 빈들에
바람 들어 버려진 무 한 뿌리

울지 마라
서러워 울지 마라 사람아
울지 마라
따라서 울지 마라 사람아

제4부　나무가 운다

겨울 강가에서

세월의 잔상 털어내는 소리에
무심코 올려다본 것이
그만, 울음까지 듣고 말았다
하늘이 저 혼자 날아와
서성거리며 입술을 깨문들
일렁이는 그림자 어를 수 있을까

강, 쩡 쩡
속 두께 더하는 밤
달빛이 쌓아 놓은 소리를 밟고
다시 돌아와 불을 켠다
사색의 늪을 유영하다

서로의 몸을 포개어
제 그림자를 끌고 오는 소리
눈이 내린다

기억

냇가에서 놀다
물살에 휩쓸려 떠내려가는 신발을
그저 발만 동동 구르며 보던
그 밤 신발을 찾아 꿈속을 헤매다
기어이 울어버린
유년의 기억

수척한 낮달 흐느끼듯 흔들리는 날
홀로 당신을 두고
마른 입술 깨물며 돌아오던 길
소매 끝에 바람이 따라와
훌쩍거린다
함께했던 많은 이야기
아니 성급하지만 추억이라고 해두자

나는 기린처럼
길게 목을 빼고 하늘을 본다
한동안 발 저린 꿈을 꾸며

그리워할

당신과의 기억

아니

추억을……

*언니처럼 아끼던 권사님을 산에 홀로 두고 내려오던 날

2월

쥐가 갉아 먹은 듯
못내 아쉽고 서운한
옆구리 헤진 자루처럼 홀쭉한 2월
크르릉 콧잔등이 시리다

바람이 콩깍지 몰아가듯
허방지방한 날
어디서 날아왔는지
딱따구리 딱 딱 세월을 찍는다

일송정

일송정 가는 길
비문 없는 무덤 옆 때늦은 진달래
아슴아슴 피어 있다
혈맹으로 굳게 약속했던 곳
그 노송 간 곳 없고
나는 아기 소나무 아래서
선구자 노래만 불렀다
우리의 옛 영토 광활한 벌판을
가로지르는 해란강 구렁이처럼 기어간다
광개토대왕의 기상이
잎새에 이는 바람에도 괴로워했던
시인의 숨결이 바람에 일렁인다
감격해야 할 이 땅에
비감悲感만 흘러
침묵을 깨며 우짖는 까마귀 소리만
가가가 갓 가가 갓
소나무 푸른 숲에 두고 왔다

나무가 운다

신갈나무에 햇살이 내려와
어정거린다

어디서 왔는지
딱따구리 한 마리
머리를 처박고 나무를 쪼아 댄다
명치끝이 아팠는지
나무도 이참에
소리 내어 텅텅 운다
그렇게 울고 싶을 때가 있었나 보다

누이의 속치마 같은 찔레꽃은 피었는데
내 울음은
자꾸만 목울대에 걸려

아직도
노래를 하는지
푸념을 하는지

딱따구리 연신 나무를 쪼아 댄다

나무가 텅텅 운다

내 몫

어린 시절
공사장 여기저기 버려두었던 수로관 속에서
정신없이 놀다 친구들 다 돌아가고
혼자 남았을 때의 난감했던
그러나 참 좋았던 그 완벽한 고요

가끔 입안에 침전물 뱉어내듯 가득한
그 무엇을 비워 내는 것은
스스로 섞이지 못하는 질감 때문이라고
한솥밥을 먹는다고 생각이 다 같을 수야 없는 것
누렇게 익어가는 한 필지 논에서도
군데군데 푸른 것들이 상처처럼 꽂혀 있는 것
천 년을 함께해도 나눠서 질 수 없는
무거워도 훌쩍 내려놓지 못하는 내 몫

그래서 이따금 타인 같아 눈물 난다

할아버지

세월의 때가 덕지덕지 낀 대청마루
할아버지 약주 한 잔 드시면 부르는 노래

인생이 더 중하던가
금전이 더 중하던가
생각하고 또 생각해도
인생이 더 중하아지

몰락한 양반
체면 세워 주는 시조가 있다는 것은
참 다행스러운 것
그 내력 아는지 모르는지
초저녁 별, 돌확 고인 물 위에
풀꽃처럼 떨어진다
불편한 심기 애꿎은 장죽에 툭툭
엽초만 쟁이시는

할아버지
인생이 더 중하아지……

아버지

어린 시절
아버지 당신은 나의 자존심이었다
어느 가을날 멀리 어머니 계신 곳을 바라보던,
자전거 페달을 밟고 가는 아버지
당신의 등이 너무 쓸쓸하다고 생각했다
그 후 화선지 가득 담채화처럼 퍼지는
그 외로움을 보면서도
나는 왜냐고 묻지 못했다

오늘 문득
그윽한 묵향 그리워
유품으로 주신 필묵을 꺼내 본다
이 가을
당신의 목소리를 닮은 오보에가 듣고 싶다

어머니

어머닌 내게 늘 금쪽같은 내 새끼
내 똥강아지라 했다
나 또한 어미가 되어 내 새끼 내 똥강아지라 한다

가을 들판에 피어 있는 꽃들을 유난히 좋아하시던 어머니
오늘 따라 당신이 그리운 것은
엷은 가을 햇살이
살가운 당신 같아서도 아닌
깊어가는 계절 탓도 아닌 것
단지, 후드득 떨어지는 나뭇잎이 그 옛날
당신의 눈물 같아서……

부부연가

수채화를 그려 보라며 이젤과 물감을 주셨다
그리고 그려도 여백이 남았다
그분, 남은 여백도 예술이라고

아름다운 연주를 해보라며 악기를 하나씩 주셨다
지금까지 연습을 하여도 하모니는커녕
끽끽 소리가 난다
그분, 불협화음도 절묘한 화음이라고 한다

해질녘, 두부 장수 딸랑거리는 소리에
뽀글뽀글 된장을 끓인다
그분, 부부란 바로
이런 뚝배기의 된장 맛 같은 것이라 한다

딸아!

 복중에서 발길질하며 놀던 아가, 너는 어여쁘고 복된 선물이었다
 옴짝옴짝 눈 맞추며 옹알이하던 날 너는 이 엄마의 일상에 꽃물 같은 고운 색채로 그림을 그렸단다
 친구들과 벗나무 옛 등걸에 앉아 조잘조잘 안개꽃 같은 웃음을 까르르 까르르 잘도 웃던 너
 별 총총 돋는 밤 긴 편지 그렁그렁 울어 외이며 사랑을 키워온 소녀야
 어느새 하늘빛 눈물 치마폭에 채워 담아 줄 성숙한 여인이 되었구나
 딸아!
 오늘 너의 가는 길에 이 어미는 한 아름의 기도로 너를 보내려 한다
 사노라면 말이다
 삶의 뒤척임들로 때론 숯불처럼 달구어진 언어가 서로에게 상처를 주기도 한단다
 그러나 그분 앞에 나아가 낮게 무릎을 꿇어 보렴 참을성 좋은 기다림은 기도가 되어

훗날 너희들의 화원엔 새들은 둥지를 틀고 꽃은 향기를 토하며 악보 없이도 서툴지 않은 청옥빛 노래를 부르리라

행여나 사는 일에 바빠 땅의 것들에 마음 빼앗겨 하늘의 소식을 접어두어서는 아니 된다

늘 넉넉한 마음으로 너의 외투를 벗어 헐벗은 자의 맨발을 덮어주는

소외된 자의 벗이 되어 주길 부탁한다

주님!
저들의 둥지에 파수꾼을 세우시고
헬몬산 이슬 같은 은총 하나 문설주에 걸어 주소서

*결혼하는 딸을 위한 축시

시에서 밥이

시에서 밥이 나오는지
빈정거리는 소리
목구멍을 타고 올라오는 하이 소프라노
급브레이크 꽉, 밟는다
울컥 걸린 것 삼키고 나니
목울대가 아프다
무심코 올려다본 하늘
수척해진 낮달 흐느끼듯 흔들린다
바람도 없는 한낮
한 마리 새 날아와 나무에 앉는다
그 정도에 흔들릴 것도 아니건만
회양목 마구 흔들려
어지럼병을 앓는 여자처럼 나도
자꾸만 흔들리는 것은
어디선가 저음으로 들려오는
비올라의 선율 때문만은 아닐 터

설원
−덕유산 예술인 마을 2

돌돌돌 빈 숲 헤집고 흐르는 산골 물소리
아직 먼 봄을 부른다

순백의 오솔길 아기 노루 길을 열고
나직이 부르던 휘파람 소리
솔숲에 걸어 둔 채
소리 없이 쌓이는 단색의 은총 속에 깊어지는 계절
더없이 유순한 사람들과
마음의 빗장 열어 긴 이야기를 나눈다

분재

날 때부터 몸이 반쯤 뒤틀린 그는
애칭이 뚱이다

그가 우렁이 각시처럼
예쁜 색시가 생겼다며 좋아라 웃을 때
분재를 본 듯하여 가슴이 아팠다
초여름 우렁이 각시 두 볼엔
허연 길이 나 있고
배냇짓하는 아기 얼굴에서는
국화 속 사내의 얼굴이 겹쳐져
각주 없이 휘갈긴 난해한 문장처럼
머릿속이 어지럽다
묵밭 여기저기 피어 있는 장다리꽃 사이
혼자서 숨바꼭질을 하는지
나비의 하얀 날갯짓이
다만 시간을 어를 뿐이었다
노을에 걸려 있는 그 울음을 들으면서도
왜냐고 묻지 않았다

시인과 옥수수
-흑산도 여행 중에

여행 중 가방 속에 있던 옥수수를
시인이 건네주어 우린 이슬처럼 먹었다
숙소에 도착한 시인
쉬쉬한 남은 옥수수를 알알이 따
검은 비닐봉지에 담는 모습이
쉰밥을 물에 말아 먹던 내 어머니 같아
민망히 고개를 돌렸다
운무가 잔뜩 끼어 있는 바다를 보며
간밤에 내가 코를 골았나
나는 그냥 고개를 저으며 웃었다
시인도 따라 웃더라
강의 시간 우린 과즙 같은 시어를 자꾸 먹었다
며칠 뒤 시인의 커다란 가방을 보며
선생님 그 가방에 옥수수 또 들었나요
고개를 저으며 하얗게 웃던 시인의
꽃무늬 원피스가 화사하더라

어느 선종

장맛비에 불어난 냇가에서
떠내려가는 신발을 보며 울먹이던
내 유년
부르튼 발바닥은 슬펐다

버리기 전 신어 보는 한물 간 신발
여벌 가진 생을 떠올려 본다

한바탕 지나간 소나기에도
여전히 돌아앉은
뒤란 뜰 장독대처럼
먼발치에서 본 그의 고통은
별처럼 아름답기만 했다
나무의 피질이 등에 박히는 아픔이었을,

기린처럼 목을 빼고 듣는
지상에서 잊혀가는 꽃잎 떨어지는 소리에
작은 길 하나 생겨났다
구름이 흘러간다

*김수환 추기경

제 5 부 노인의 시간

가볍거나 혹은, 무겁게

발바닥에 고통을 달고 사는 민달팽이
질척한 곳을 향해 기어간다
점액을 분비하며 지나간 자리 쇠뜨기 풀
뿌리를 허옇게 드러내 영역을 넓혀가는

뭐랄까, 움푹 팬 발자국이
삶의 무게라는 것을 비로소 알았을 때
낮 동안 범람하던 지상의 소리들
먼지로 묻어와 일상의 무게로 떨어진다
시간은 홀쭉한 자루 같다
가볍거나 혹은, 무겁게 세월은 시간의 바퀴를 굴리고
바람은 숭숭 늑골 사이를 지나간다

진창에 묻은 발자국
그림자 따라 간다

허기진 도시

담쟁이넝쿨
담장 너머 손을 뻗치고
빌딩 숲 사이를
비집고 들어온 햇살
참새가 날아와 쪼아 먹는다

등짐 버거운 사내들
흡연 구역을 찾아
이불 홑청 같은 연기를
훅훅 뱉어낸다
이집트 미라처럼
삭아 비틀린 등짐을 버려야
구름을 낚을 수 있다며
손바닥만 한
청람빛 하늘을 바라본다

담쟁이넝쿨
쉼없이 담장 너머를 탐하고

사내들의 한숨
연방 허기진 도시의 숲을 떠돌고

산다는 것은

거미, 필사의 그물 짜기에
나비의 투명한 날개
헛구역질 같은 목 메임으로 파닥거린다
가느다란 꽃술이 바람에 떤다

자기 설움에 복받쳤는지 아니면
저들의 치열한 삶이 부러웠는지
대로변에 앉아 울컥울컥 소주를 울음처럼 먹던 사내
그렇게 내버려두고 싶은 슬픔이었나 보다

이런 상실을 맛보지 않으려
언제나 초록을 원한 침엽수 위에
거미, 얼크러진 하루의 풍상을 주워 담는다
날아간 새의 꽁지를
설핏 묻는 해질녘
시간은 바스러진 사금파리처럼
길 위에 떨어지고

노인의 시간
−파고다 공원

세상에 무엇이 그리 예쁠 것이 있냐고
자식들 입에 밥 들어가는 것보다
더 예쁜 것은 못 봤다는
그저 보기만 해도 배가 부르더라는

절간에 가서도 새우젓을 먹는다는 그 눈치
일찍 공원에 나온 것이 민망한지
큰 소리로 너스레를 떠는 웃음
다 끝난 망명정부처럼 허탈하다
공원 한 귀퉁이 쑥부쟁이 하얗게 빛이 바래
노인의 시간을 읽는 오후
가시처럼 걸린 눈물 한 점에 기침하는 마른 등짝
단물 다 빠진 식혜 밥알 같다

억새처럼 흔들리는 노인의 머리카락 위로
가을이 쏟아진다

겨울바람

볏단처럼 가벼운 어깨 위에
노을 한 자락 머뭇거린다
오래도록 그림자를 안고 앉아 있는 어머니
갈 곳이라고는 공원을 배회하는 것
우리네 사는 일이 마냥
봄 햇살 같지만은 않은 것인데
살다 보면 한 번쯤이야
힘들고 아프지 않은 사람 어디 있을까마는
오늘, 까닭 없이 눈물 나는 것은
길 저편 이정표 끝에 서 있는
그런 절망감 같은 것
얼음장 밑으로 흐르는 시린 물소리
내 어머니 가슴에도 서늘서늘 지나갔을
싸한 세월의 남루

겨울바람 진저리를 치며 간다

두루미

연신 잔기침 토해 내는 아침
먼 곳을 응시한 채 그림자처럼 서 있는 두루미
햇살에 시린 등을 말린다

굼실굼실 점심을 기다리는 노인들
가릉가릉 목에서 나는 소리가
타음 뒤에 맴도는 여운 같다
진눈깨비처럼 질금질금 짓무른 눈을
연신 손등으로 닦아내며
고등어 한 입에 눈이 환해진다고
어린아이처럼 좋아한다
후식으로 나온 바나나
깊숙이 주머니에 찔러 넣고
또 하나 바나나에 눈길 머춤하다
유목민 보따리처럼 웅크리고 돌아가는
노인의 고무줄 바지가 헐렁하다

변방에 홀로 서 있는 두루미
오늘도 눈이 시리다

*독거노인 화요 급식에서

워낭 소리

턱없이 후려치는 몸값
밭 갈고 수레 끌던 기억으로는 단 몇 근
무게로도 얹어주지 않는다
뚫릴 때보다 더 아프게 빠지는 코뚜레
내외하듯 돌아앉은 노인의 굽은 허리에
소의 눈망울 겹쳐져
매달린 워낭 힘에 겹다

헛배를 채우며 오던
길고 느릿한
그때, 그 봄 냄새는
가마솥에 끓던 쇠죽처럼 좋았다

닮았다는 것은 그저 눈빛만 봐도 안다
그 속내까지도

*영화 '워낭 소리'를 보고

우보牛步

 끝없이 상황만 반복되다 마는 줄거리 없는 영화처럼
 씹어도 도무지 뜻이 되지 않는 되새김질은 한갓 먼 소리일 뿐
 기억이란 때론 얼마나 하찮은 것인지
 언 땅의 뿌리를 캐던 때를 벌써 잊은 코뚜레를 뚫어 보지 않은
 멍에 자국 하나 없는 누런 잔등의 비육우
 한 바가지 물로 헛배를 채워 허리 휘어지도록
 넘어 오던 보릿고개를 모르리라
 뚝 뚝 쇠똥 떨어뜨리며 돌아오던 들녘의 아련한 풍경소리가
 이 시대의 슬픈 우화처럼 들려오는 여름밤

나무

팔월 한낮 고독한 나무
어쩌다 새라도 울어 주면 설령
아찔하게 매달고픈
열매가 없어도 좋았다
하늘을 떠받칠 수 있는
잔가지가 있기에
티눈처럼 아프게 박여 있는 옹이쯤이야
뿌리 깊게 껴안았다
태엽 감듯 세월이 지나간
바람의 자리엔
둥근 나이테만 남아 있다
삶은 이런 거라고
쓸쓸히 중얼거릴 때
우린, 이미 한때라 하던 곳에서
너무 멀리 와 버렸다

무늬를 빚을 옹이 위에 서녘 노을
눈시울이 붉다

고봉밥

골목길 끝

목재소 아저씨 날마다 나무를 켠다

맞물린 톱날 밑에는 고봉밥을 담아 놓은 듯

톱밥, 소복이 쌓여 있다

다람쥐 쳇바퀴 돌아가듯 숨찬 일상

문득, 밥이 보약이라던

어머니 생각에 눈길 머춤하다

이전투구 하듯 살아가는

우리네 모습이 결국,

밥그릇을 지키기 위한 것이라면 눈물겹다

삶의 중력이 너무 무거웠는지

아니면 가벼웠던지

사방연속무늬 보도블록에

연신 신발이 걸린다

무심코 바라본 하늘 구름 사이로

해가 저 혼자 숨바꼭질을 하고

두 무릎에선 물이 덜 빠진 고무신처럼

삐걱삐걱 소리가 난다

저녁 밥상 기다리는 해거름
밥숟가락 자꾸만 봉분을 헌다

바람에게 묻다

먼 길 달려온 강물
바람에게 휘돌아 휘돌아 가지 않겠느냐고
잠시 여기 앉아 정하디정한
옛사람의 기억을 들어보지 않겠느냐고 한다

왼발 곧추세우면
미소년 금방이라도 보일 것 같은 노송 우거진 섬
목선 한 척 물 가르마를 가르며 간다
숱한 설움 고스란히 떠안고 밤새 별만 세던 관음송
만개한 꽃처럼 찾아오는 발길에
몸살이 난다

그 사정 내 알 바 아닌
자르르 윤기 도는 청둥오리
찰방찰방 입맞춤하는 사랑놀음에 쑥부쟁이
노란 꽃망울 귀를 연다

한시름 휘돌아 가는 물빛, 꽉 찬 눈물 같다

*단종의 유배지에서

갠지스 강

명상의 나라 인도
갠지스 강가엔
오늘도
동물의 육질 타는 냄새가 난다

가장 원초적인 모습으로
한 아름의 장작더미와 함께
의식이나 치장이나 엄숙함도 없이
한 묶음의 꽃으로
육신을 떠나보낸다

퇴락한
석조 건물이 즐비한
갠지스 강가엔
오늘도 붉은 꽃잎 툭툭 떨어진다

헌책방 아저씨

가끔 들르는 헌책방 아저씨
두 아들 자랑에 신이 난다
소싯적 고생만 하다 죽은 아내가 불쌍해
도저히 재혼을 할 수 없었다며
검버섯 두어 개가 히죽이 따라서 웃는다
제대한 아들들 예쁜 여자 친구도 생기고
좋은 회사에 취직도 했다며
수북이 쌓인 책만큼이나 이야기가 많다
장가만 보내고 나면
이놈의 냄새나는 책방 그만두고
어느 산사에 들어가 마당이나 쓸어주며
조용히 살고 싶단다
아끼던 책이라며 먼지를 툭툭 털어
기어이 손에 쥐어주던 쓸쓸한 어깨 위에
생선 비늘처럼 햇살이 내려앉는다
발밑으로 세월 뽀얗게 떨어진다

서울역

땜질하듯 담벼락에 붙어 있는 구직광고
장마철 누기로 덜렁거린다
불어대는 호각 소리에 썩은 동아줄처럼
삭아 내리는 중심 안
갈비뼈가 아프다
패잔병처럼 너부러져 있는 서늘한 시멘트 바닥
목울대를 타고 올라온 걸쭉한 것
굳은살 같은 빵 덩어리에 뚝, 떨어진다
구름을 밟은 듯 가벼워진 몸뚱이
아득하게만 보이던 별 하나
손끝에 닿으려는 순간, 허방이다

허기진 비애
시간의 무게로 떨어져
그림자를 따라 길게 눕는
서울역 지하도

| 평설 |

윤경이의 '시도행전詩道行傳'
-〈낙타도 가끔은 운다〉를 중심으로 -

문영탁(문학평론가)

안주하던 성채城砦를 떠나
표지판 없는 사막 길을 가야 하는 낙타
단지 두 개의 혹을 의지한 채
속눈썹으로 모래바람을 막으며
묵묵히 지평선을 향해 고독한 길을 간다
불룩하던 혹이 노파의 젖가슴처럼
쪼그라드는 상실의 늪에서
오히려 생성되는 아픔이라며
먼 여정 선인장에 몸을 기대어 쉰다

푸른 별이 쏟아지는 밤
늘 그리워하면서도
가까이 두지 못하는 엘림 생각에

낙타도 가끔은 운다

— '낙타도 가끔은 운다' 전문

*엘림— 출애굽기 15:27, "그들이 엘림에 이르니…… 거기서 그들이 그 물 곁에 장막을 치니라."

시인이 내놓은 시집의 꼴

이번에 출간된 윤경이 시인의 시집 《낙타도 가끔은 운다》에는 70여 편의 시를 아래와 같이 다섯 갈래로 구분해 상재上梓했다.

1. 낙타도 가끔은 운다
2. 미늘(the barb, 바늘을 문 고기가 빠져나가지 못하게 하는 낚시 바늘의 걸림 부분)의 떨림
3. 가을 단상
4. 나무가 운다
5. 노인의 시간

등으로, 구분된 시 묶음의 머리 내용에 들어 있는 시 한 편의 제목을 선택해 표제를 삼았다.

물론 배열된 표제는 시작詩作의 특성을 따라 묶었는지, 아니면 시작의 시간별로 묶었는지 그 의도는 분명치 않다. 그러나 이런 표제는 시의 내용을 함의含意하고 압축하는 것이 통례다. 그것은 아주 단순한 의미로 눈앞에 존재하지 않거나 스스로를 표현하지 못하는 실물(entity)을 표현, 또는 대리하기 때문이다.

그럼에도 불구하고 윤경이 시인의 시를 무심하게 읽어도 건강한 체온을 얼마든지 느낄 수 있다. 생물이든 무생물이든, 액체이든 고체이든 시의 모든 대상들

이 그의 작업 현장에서는 애정의 체온으로 생성된 고상한 가치관(믿음)을 지닌 언어의 옷을 입고 되살아나 있다.

물론 '낙타도 가끔은 운다'라는 제목을 가진 시 한 편을 들어서 시인의 창작 의도나 시 정신의 전부를 말할 수는 없을 것이다. 그러나 시인에 의해 창작된 단 한 편의 작품으로도 능히 그 속에 담겨 있는 시작 정신詩作精神인 사상이나 철학, 그리고 감각이나 감성에 이르는 온갖 속성들을 엿볼 수 있다. 곧 창작된 모든 시들은 시인만의 독특한 관념에 그 근거를 두고 있기 때문에 비록 주관이 넘쳐나는 시 이해라 할지라도 그 가치는 존중받아야 한다.

삶을 통한 문학 경험

시집 《낙타도 가끔은 운다》에 수록된 윤경이 시인의 시들을 무작위로 읽으면서 "문학이란 크게 보아 삶의 경험을 다룬다. 삶의 체험은 문학 이해에 중요하지만 가장 중요한 것은 문학 경험이다. 시에 대한 접근은 여러 차원이 있지만 언어적 세목에 대한 자상한 음미가 필수적이고 기본적이다"(《시란 무엇인가?》 유종호,

1995)라는 정의를 떠올렸다.

시를 '참 잘 쓰는 사람'인 윤경이 시인은 시를 통해 나타내 보이는 '삶을 유지하고 수용하는 지혜'를 그가 신앙하는 기독교적 근거에서 얻는다. 그 신앙 때문에 안으로 삭이고 유기해야 하는 삶의 인고가 아주 넉넉하다. 그것은 진솔한 고백의 '몰입'이요 '넘쳐남'이다. 그래서 '떨림과 울음'으로 '버려지거나 내려놓거나'가 은근하게 버무려 진 채 아주 '수줍은 삶의 형태'로 표현되는 그의 시어들도 오랜 조탁彫琢의 무게와 함께 결코 무너짐이 없이 의연하다.

실제로 언어는 형태, 규칙, 그리고 다양하게 표현을 할 수 있는 기능이 있기 때문에 의사소통의 가장 중요하고도 기본적인 수단이다. 따라서 언어 사용驅使에 있어서 환경, 출신, 나이, 계층 심지어 성별이나 속해 있는 분위기(문화)에 따라 늘 다르게 보는 '사회적 사고'를 먼저 갖는 것이 중요할 것이다. 그런 이유로 언어는 다른 형태의 신념이나 세계관을 이해하고 인정하는 객관적인 시각을 키울 수 있는, 어쩌면 유일한 방법이라는 점을 시인 윤경이는 너무도 깊게 인식하고 있어서 그의 시를 읽어 보면 전혀 난해함이 없이 와 닿는 감동이 매우 크다.

또한 윤경이 시인에게 있어서 '인생이 중후하다'를

외치는 그만의 언어(시)는 온전한 삶의 한 형태가 되어 선명한 '돋움 꼴[凸]'로 나타난다. 인간사 언저리를 형성하는 애락과 애증, 갈등과 화해, 그리고 신념(신앙)에 이르는 모든 속성들을 보듬는 그의 언어는 첫눈같이 순백하고 묵언보다 더 나직하고 무겁다. 그러면서 모든 것에 두루 미치고 통하고 꿰는 정상적인 체온의 경이로움이 있다.

가까이 두지 못한 근거인 신앙 '엘림'

구약성서에 등장하는 엘림은 이스라엘 백성들이 홍해를 건넌 후 두 번째로 진을 친 곳(출 15:27)으로 당시에 그늘이 좋은 종려나무가 70여 그루나 있는 오아시스였다. 성서 지리학에서는 스에즈 동남쪽으로 100킬로미터, 아인 화와라(마라)의 남쪽 10킬로미터 정도에 위치했을 것이라고 추정하고 있다. 종려나무, 아카시아, 그리고 버드나무의 일종으로 사막이 시작되는 곳이나 끝나는 곳에서만 자라는 가시나무인 타마리스크가 무성한 그늘이 있어 뜨겁고 척박한 사막의 유목민들이나 대상(caravan, 隊商)에게는 매우 소중한 곳이다.

곧 '생명이 있는 곳'을 지향하는 시인의 열망은 이 땅에서 '엘림'이라는 끝없이 펼쳐진 공간을 설정해 놓고 '낙타의 걸음걸이'처럼 뚜벅인다.

그 설정은 갈증이고 고통이요 분명해 보이지만 실체가 아닌 신기루 같아서 시인을 지치게 한다. 어떤 상황이든지 의지할 수 있는 것은 '단지 두 개의 혹(hump)'이다. 낙타에게는 모래 폭풍을 견딜 수 있도록 생긴 긴 속눈썹과 여닫을 수 있는 콧구멍도 있지만 무엇보다도 큰 특징은 등의 혹일 것이다. 사막에서 17일 동안 물 없이도 살 수 있다는 낙타의 등에 솟아 있는 혹에는 뜨거운 태양열을 막아주는 지방이 축적되어 있다.

이렇듯 생명의 한 부분인 낙타의 혹도 시인에게는 '노파의 쪼그라든 젖가슴 같은 상실'로만 존재한다. 또한 한낮, 먼 여정의 피로에 겨운 몸을 뉘어야 할 때 쉴 수 있는 공간도 역시 가시투성이인 '선인장'으로, 이는 참으로 깊이를 헤아릴 수 없는 단정이요 아픔이다. 극한의 고통, 끝이 없는 미망한 먼 여정, 그리고 밤에도 시리도록 '푸른' 별밤을 우러르며 소망의 촉수를 '엘림'까지 뻗어 보는 허우적거림도 '가끔 우는' 색깔이 없는 울음의 형태로 나타났다.

시 한 편을 들어 자세히 보니

《낙타는……》에 수록된 시들은 존재하거나 또는 존재하지 않는 실체들을 승인된 언어로 직조한 것으로, 이들이 갖는 능력과 효력은 뛰어난 감동을 준다. 특히 이 시들에게서 무겁게 느껴지는 '완고한 허무', 곧 그 직사각형 같은 잠재 내용(Latent contents)을 담은 정체성은 특별하게 의식하지는 않은 소원으로 나타나 직구처럼 우리들의 감성에 꽂힌다.

그래서 '고독한 길', '상실의 늪', '생성되는 아픔' 등의 시인이 쓴 다소 진부한 시어들도 낱개로 밀식되어 있는 상황으로부터도 부정적인 작용을 하지 않고 사뭇 건강하다. 이는 무상이나 허무에서 출발해 자아 부정으로 귀결시키려 드는 저급한 정의를 뛰어넘는 가장 '상위의 믿음[宗敎性]'을 통한 자아 정립 때문이다.

또한 시인의 정체성(관념)은 유지해야 할 절대 가치를 갖지만 이것도 무너지기 쉽다는 것을 윤경이 시인은 너무도 명확히 알고 있다. 실제로 서사든 서정이든 실험이든 모든 시를 창작하는 관념(밑그림)은 수시로 무너지는 것이다. 그래서 관념의 본질을 편한 옷처럼 쉽게 걸치고 다니지 않고 오히려 벗어 버리는 노력은 작가나 감상가(독자)가 지녀야 할 가치이고 자세라고 말한다. 그 노력에도 불구하고 작품의 완성도에서 얻는 기쁨보다는 늘 마뜩하지 않는 허무감이 있음을 모든 작가는 경험할 것이다.

당연히, 윤경이 시인도 예외는 아니다. 그럼에도 불구하고 작품의 언저리에 무성하게 붙어 올라오는 '완고한 허무'를 뛰어넘고 넘으면서 시도행전詩道行傳의 선택된 발걸음을 멈추지 않는다. 이는 자기 설정自己設定에 대한 실마리[端初]를 놓치지 않는 불 같은 용기이다.

'삶, 그 경험(체험)'의 형태를 통한 회귀回歸

'삶'이라는 한 개의 명사가 지닌 개념과 형식적인 정의定義를 이루는 내용은 그 시심詩心의 외연(extension)과 내포(intention)를 통해 엿볼 수 있다.

안주하던 성채城砦를 떠나
표지판 없는 사막 길을 가야 하는 낙타

삶이란 무엇인가?
생명을 갖고 있는 우리는 그 생명을 운영해야 할 필연적인 수단들을 강구해야 한다. 삶은 사전적 의미로만 있는 것이 아니라 그 단어, 어구가 창조하는 일종의 분위기 또는 감화적인 의미의 실체요 실존이다.

시에서 사용된 언어는 대체로 함축된 언어다. 여기서 사상이나 의견, 감성이나 교훈을 표현하는 문장을 외연이라고 한다. 즉 한 명사나 개념이 적용되는 특수한 대상들의 범위를 말하는 것이다. 이러한 구조를 통해 읽는 이들에게 어떤 정서적 연상聯想이나 감동적 효과를 일으키는 내용과 의미 등을 내포라고 할 수 있다. 곧 한 명사나 개념의 형식적 정의定義를 이루는 내재적인 내용을 가리키는 것이다. 예를 들면 '자동차'라는 명사의 내포는 '땅 위에서 운반할 수 있도록 만들어진 기계'이다. 이 자동차의 외연은 자가용, 버스, 화물차, 스포츠카, 경차, 중형차와 같은 모든 종류의 차를 포괄한다. 이는 논리학적 용어다.

윤경이 시인에게 있어서 '삶'이란 '상실의 늪에서 오히려 생성되는 아픔'이다. 개개의 인간에게 주어진 삶이 갖는 길이의 장, 단에는 그것에 맞는 맞춤형의 모습이 있다. 이런 차별에도 불구하고 공통분모는 '아픔'이다. '표지판'이 없어 모든 행로나 진행의 결정을 스스로 해야 한다. 심지어 안식(쉼)의 자리까지 메마른 선인장의 토양인 목마른 현실만 있을 뿐이다. 이러한 현실 속에서 삶의 여정은 환경과 양, 그리고 질의 차이가 있을지라도 '고통'이라는 체감 온도는 동일하다는 것을 시인은 간파하고 있다. 그래서 '그리워하면서도 가까이 두지 못하는 엘림'이라는 그 목표, 갈증(고통)을 해결할 우물(엘림)을 설정해 놓고, 일찍이 그 방법을 찾아 효력을 본 선진先進들의 구약성서적 모범을 통해 결연하게 제시하고 있는 것이다.

윤경이 시인이 가려놓은 고통의 분모는 우리의 삶에서 늘 겪는 일상이다. 그것은 안내가 없는 험난한 길이다. 이 길은 '나는 가지 않겠다'는 선택이 허용되는 길이 아니라 반드시 가야만 하는, 갈 수밖에 없는, 아무리 나와 상관없다고 강변해도 전혀 그 효능을 발휘할 수 없는 길인 것이다. 그 길은 '모래바람이 이는' 길이다. 이 땅에서 삶을 영위하면서 걷는 '고독한 길'인 것이다. '늘 그리워하는' 분명한 목적지가 있는데도 그 끝이 보이지 않는, 오직 지평선만 있는 길이다. 우리가 이 길을 오늘도 걷지만 목표를 저만치 두고 있으면서도 정처가 없다고 생각하고 무심히 걷는 길이다.

이 길을 낙타처럼 걷던 뚜벅이 시인인 윤경이는 저만치 있는 목표가 '엘림'이라고 확연히 깨달은 것이다. 그것은 화려한 독각獨覺이요 수십 단계를 단숨에 뛰어오른 기록 갱신이며, '있다가 온' 이 자리에서 '있었던 그 자리'로 회귀하는 것이다. 곧 '보다 나은 본

향'을 지향하는 것이다. 일찍이 신약 경전의 히브리서 기자가 자신의 서책 11장에 '엘림' 고대파苦待派들의 현황을 이렇게 기록했었다. "…… 그러나 실상 그들은 더 좋은 것을 갈망하고 있었다. 그것은 곧 하늘 나라였다. 그래서 하나님께서는 그들의 하나님이라고 불리는 것을 부끄러워하지 않으시고, 그들을 위하여 한 도시를 마련해 주셨다." 이 고백과 경지를 윤경이 시인도 참으로 넉넉히 소유하고 있는 것이다.

나가면서 – 그 뻔뻔한 주관(subjectivism)

읽고 생각하고 느끼는 것은 다분히 주관이다. 이 논고는 나(감상자)의 수준에 맞게 윤경이 시인의 시적 감흥(sense)이나 느낌(feeling)을 말하는 것이어서 순전히 내 몫이다. 그래서 이 글은 절대적이거나 보편적이지 않고 순전히 나의 그릇에만 채워 넣은 내 그릇 꼴에 지나지 않음을 고백한다. 그러면서도 결정적인 이해의 강요가 자주 보여서 송구스럽다. 이것은 부끄러움을 모르는 내 교양의 한계다. 그래서 '시를 참 잘 쓰는 사람'인 윤경이 시인의 시의 본 모습을 부지런히 곡해했을 부분도 만만치 않을 터……, 이점에 대해서 용서를

구한다. 실제로 온전한 시평이나 시를 대하도록 이끄는 길잡이(guidance)는 독자 자신이다.

'시를 참 잘 쓰는 사람'인 윤경이 시인이 펴내는 시집 《낙타도 가끔은 운다》의 정독을 강추強推한다.

낙타도 가끔은 운다

초판 발행 | 2010년 1월 12일
지은이 | 윤경이
펴낸이 | 임만호
펴낸곳 | 창조문예사
주　소 | 서울시 강남구 삼성2동 38-13 (우: 135-867)
전　화 | 02)544-3468~9　**팩　스** | 02)511-3920
e-mail | holybooks@naver.com
등록번호 | 제 16-2770호　**등록일자** | 2002년 7월 23일

Printed in Korea
ISBN : 978-89-94211-04-6 (03810)

정　가 | 7,000원

* 잘못된 책은 교환하여 드립니다.